COMITÉ DE DÉFENSE ET DE PROGRÈS SOCIAL

Patrie, Devoir, Liberté.

SÉANCE

DU VENDREDI 20 MARS 1896

LES SOLUTIONS SOCIALISTES ET LE FONCTIONNARISME

PAR

M. EUGÈNE ROSTAND
DE L'INSTITUT

EXTRAIT DE *LA RÉFORME SOCIALE*

4e ÉDITION

AU SIÈGE DU COMITÉ
54, RUE DE SEINE, 54

PARIS

N° 16

LA RÉFORME SOCIALE

REVUE BI-MENSUELLE

Fondée par F. LE PLAY, en 1881.

Avec la collaboration de MM. Paul Allard, J. Angot des Rotours, F. Auburtin, Albert Babeau, Paul Baugas, H. Beaune, Bérenger, A. Béchaux, G. Blondel, V. Bogisic, A. Boyenval, Victor Brants, J. Cazajeux, E. Cheysson, A. des Cilleuls, A. Delaire, Ch. Dejace, Paul Desjardins, Ernest Dubois, E. Duthoit, Fr. Escard, Etcheverry, G. Fagniez, Fournier de Flaix, Funck-Brentano, Albert Gigot, Ernest Glasson, Louis Guibert, Gruner, Urbain Guérin, Hubert-Valleroux, J. Imbart de la Tour, Henri Joly, Armand Julin, Clément Juglar, Charles Lagasse, René Lavollée, Léon Lefébure, Albert Le Play, Anatole Leroy-Beaulieu, E. Levasseur, Raphaël-Georges Lévy, Paul de Loynes, De Luçay, Du Maroussem, A. Moireau, Georges Picot, O. Pyfferoen, A. Raffalovich, J. Rambaud, L. Rivière, Eugène Rostand, Santangelo Spoto, René Stourm, Victor Turquan, Maurice Vanlaer, Welche, etc., etc.

La Réforme sociale étudie les problèmes économiques et sociaux qui tiennent aujourd'hui le premier rang dans les préoccupations de l'opinion publique. Elle en demande la solution à l'observation des faits et à la pratique des lois morales, selon la méthode de F. Le Play, en dehors de tout esprit de parti et de toute théorie préconçue. Elle préconise tout un ensemble de réformes dont le cours des événements démontre de plus en plus l'urgente nécessité, et auxquelles se rallient chaque jour les esprits les plus éminents. Grâce à la sympathie grandissante que lui a témoignée le public éclairé, elle a pu, en commençant sa troisième série, prendre des développements considérables.

La Réforme sociale paraît le 1er et le 16 de chaque mois par fascicule in-8° de 80 pages, et forme par an deux forts volumes de 900 à 1,000 pages chacun, complétés par des tables analytiques.

Une bibliographie méthodique analyse, au point de vue social, tous les recueils périodiques importants de la France et de l'étranger ainsi que les publications nouvelles. Par cette innovation, *la Réforme sociale* est devenue le guide le plus utile pour ceux que leur profession ou leurs études obligent à être rapidement et sûrement renseignés sur le mouvement social contemporain.

Conditions d'abonnement. — France, un an **20** fr. ; six mois, **11** fr. — Union postale : un an, **25** fr. ; six mois, **14** fr. — En dehors de l'Union postale, port en plus.

Les membres des Unions de la Paix sociale reçoivent *la Réforme sociale* en retour de leur cotisation annuelle de **15** fr.

Bureaux : Rue de Seine, 54.

SÉANCE DU VENDREDI 20 MARS 1896

ALLOCUTION DE M. A. LEROY-BEAULIEU

PRÉSIDENT

M. LE PRÉSIDENT. — Messieurs, cette réunion sera la dernière cet hiver. Nous espérons, comme l'an dernier, vous convoquer encore une ou deux fois lors de la réunion du Congrès d'économie sociale, vers le mois de mai. D'ici là nous comptons consacrer nos efforts à la province, où nous sommes appelés de divers côtés, je pourrais presque dire de tous les côtés. (*Oh ! oh !*)

Vous avez pu voir, Messieurs, que, dans ces conférences, nous avons cherché à nouer des liens de mutuelle coopération entre Paris et les départements.

Il y a quinze jours, Messieurs, vous applaudissiez ici un orateur venu de l'Ouest ; aujourd'hui vous allez entendre un conférencier qui vient du Midi. (*Bruit. — Un assistant : On aura du mal à l'entendre !*) Si nous allons aux départements, les départements, eux aussi, viennent à nous. (*Applaudissements.*)

Messieurs, je n'ai pas besoin de vous présenter M. Eugène Rostand. Ceux qui nous font l'honneur de suivre ces réunions se rappellent encore sa belle conférence de l'an dernier sur le progrès social par l'initiative privée. Aucun homme peut-être, en France, n'était plus digne de traiter un pareil sujet. Je puis dire que toute la vie de M. Eugène Rostand a été consacrée à cette grande cause : le progrès social par l'initiative privée. (*Applaudissements. — Cris : Vive la sociale ! — Vive la Commune ! — Vive le progrès !*)

Il n'a pas seulement parlé, Messieurs, il a agi, il a prêché d'exemple ; il a eu tout ensemble la foi et les œuvres. Je n'ai qu'un regret, quant à moi : c'est que nous n'ayons pas, en France, un plus grand nombre d'hommes qui ressemblent à M. Rostand. Notre œuvre de progrès social en serait singulièrement plus aisée. (*Applaudissements.*)

C'est, Messieurs, sur la demande d'un grand nombre d'entre vous que nous avons encore fait appel à la courageuse et alerte parole de M. Rostand. (*Applaudissements. — Bruit.*) Il est venu (veuillez écouter un instant, Messieurs; cela vaut la peine d'être entendu de vous), M. Rostand est venu tout exprès, ce soir, malgré de vives préoccupations de famille. (*Applaudissements.*) Il n'a pas voulu manquer au rendez-vous que nous vous avions donné en son nom, et il a la tristesse d'avoir laissé à 300 lieues de Paris un des siens qui se trouve en ce moment gravement malade. Après cela, Messieurs, je ne crois pas avoir besoin de réclamer de vous le silence pour un père inquiet. (*Applaudissements. — Bruit. — Sifflets. Un assistant : C'est scandaleux !*)

La parole est à M. Rostand.

CONFÉRENCE DE M. EUGÈNE ROSTAND

LES SOLUTIONS SOCIALISTES

ET LE FONCTIONNARISME

M. Eug. Rostand. (*Applaudissements.* — *Sifflet.*) — Messieurs, que ceux d'entre vous qui ont bien voulu saluer mon nom par un témoignage de sympathie dont je suis touché reçoivent mes remerciements ; aux autres, je ne demande que de la courtoisie, leur promettant la mienne. (*Applaudissements.*)

Le mal du fonctionnarisme

« La France meurt du fonctionnarisme. » (*Bruit.*) — Ne chutez pas, ce n'est pas moi qui parle : c'est un député socialiste de la Seine (*Rires.*) — « Depuis un quart de siècle, le nombre des fonctionnaires a augmenté dans des proportions inquiétantes : il y a actuellement en France plus de 527.000 fonctionnaires. C'est un fléau qui grandira sans cesse, si l'on n'y remédie rapidement et avec énergie (1). »

C'est M. Michelin qui parle ainsi en tête d'une proposition de loi qu'il vient de soumettre au Parlement. Et M. Jaurès va plus loin : d'après lui, le nombre des

(1) Exposé des motifs de la proposition de loi de M. Michelin.

fonctionnaires de l'État, du département, de la commune, dépasse 700.000 (1).

Serait-il éliminé, réduit ou aggravé par les solutions socialistes ?

Les solutions socialistes, si elles étaient réalisables (et je supposerai, ce soir, qu'elles le sont), élimineraient-elles, diminueraient-elles, ou aggraveraient-elles ce fléau ? Telle est la question que j'ai songé à examiner avec vous.

Comment ai-je été amené à y réfléchir, à me la poser ? Uniquement par la lecture des livres et des discours socialistes.

Un aveu de M. Jaurès.

J'ai été surtout frappé de ce cri jeté par le plus autorisé des protagonistes du socialisme, M. Jaurès, au cours des pages où il essaie de nous expliquer ce que serait l'organisation du monde socialisé :

« Nous ne voudrions pas enfermer les hommes dans « des compartiments étroits numérotés par la force « publique... (*Un assistant joue de la flûte.*) Nous ne « sommes pas séduits par un idéal de réglementation « tracassière... Si, dans l'ordre social rêvé par nous, « nous ne rencontrions pas d'emblée la liberté, la vraie, « la pleine, la vivante liberté ; si nous ne pouvions « marcher, chanter, et délirer même sous les cieux... » (*Oh ! oh !*)

Ne vous récriez donc pas, c'est M. Jaurès qui parle. «... respirer les larges souffles... » (*Bruit. Chant de la Carmagnole. Pas de curés ! Pas de calotins ! — Vive la calotte ! — Conspuez Jaurès, conspuez Jaurès, conspuez !*)

(1) J. Jaurès, *Revue socialiste*, avril 1895, p. 405.

M. Rostand. — Messieurs, je demande aux uns de ne pas méconnaître, aux autres de ne pas conspuer M. Jaurès, mais de me laisser le citer. Je reprends sa phrase :

« Si nous ne pouvions marcher, chanter et délirer « même sous les cieux, respirer les larges souffles... et « cueillir les fleurs du hasard, nous reculerions vers « la société actuelle, malgré ses désordres, ses iniqui- « tés et ses oppressions ; car, si, en elle, la liberté « n'est qu'un mensonge, c'est un mensonge que les « hommes conviennent encore d'appeler une vérité, et « qui parfois caresse le cœur (1) ! »

Laissant dans cette exclamation ce qui est image ou sonorité vague (*Un assistant : Le geste est beau !*), il est impossible de n'être pas saisi par cet aveu : si le socialisme ne devait pas être (et je cite encore) « une « grande organisation libre du monde, l'affranchisse- « ment de tous les individus dans la joie d'une huma- « nité unie (je me sers encore d'une formule de M. Jau- « rès), » s'il conduisait à ce que M. Jaurès appelle « *un* « *fonctionnarisme étouffant*) (2), » ah ! certes, il le confesse, il le proclame, il faudrait préférer mille fois encore l'organisation sociale actuelle, quelles que soient ses imperfections.

Je vous demande, Messieurs, de me permettre de rechercher avec vous ce qu'il en est, et de le faire, j'espère ainsi être agréable à ceux qui m'interrompent si bruyamment, j'allais dire si brutalement (*Oh ! oh !*), de le faire en dehors de toute rhétorique de combat, en absolue sincérité, avec calme, par des précisions de faits et d'idées, en n'interrogeant jamais que des témoignages irrécusables en l'espèce, ceux des socialistes. (*Vifs appl.*)

De cette méthode, dont l'excessive loyauté touchera, je l'espère, mes interrupteurs (*Oh ! oh !*), je donne tout de suite un exemple en empruntant docilement aux

(1) J. Jaurès, *Organisation socialiste*, chap. II. *Revue socialiste*, avril 1895, p. 408.

(2) J. Jaurès, *ibid.*

docteurs du socialisme leur distinction fondamentale entre les deux sortes de solutions qu'ils proposent : les solutions *relatives* et *transitoires*, les solutions *intégrales* et *définitives*.

Voyons, en parcourant les unes et les autres, comment elles se comportent par rapport au sujet qui nous occupe. Il ne s'agit nullement pour cette fois de les soumettre à une analyse critique quelconque; nous les prendrons telles quelles, sans les discuter, nous bornant à vérifier si elles annihileraient, ou réduiraient, ou accroîtraient le rôle de cet élément, le fonctionnarisme.

Qu'en est-il dans les solutions socialistes relatives et transitoires ?

Qu'en est-il d'abord, au moins pour les points où nous sommes documentés, dans les solutions provisoires proposées pour permettre d'attendre la société future ?

Le besoin primordial le plus étendu de la vie générale est l'*alimentation*. Nous avons, ici, pour notre sujet, un spécimen typique dans le projet présenté et soutenu à la Chambre par MM. Jaurès et Guesde il y a deux ans. (*Vive Jaurès !*) J'en prends la formule même, lue et discutée le 17 février 1894 :

« L'État a seul le droit d'importer les blés. Il les re-
« vendra à un prix fixé tous les ans par une loi ; il ven-
« dra les farines à un prix calculé sur le prix fixé pour
« le blé et déterminé législativement (1). »

Je ne recherche pas si c'est là une conception juste ou fausse, en accord ou en contradiction avec le bon sens et la nature des choses, je note simplement qu'à l'infinie activité spontanée du libre commerce individuel, importateur, acheteur, vendeur, fournisseur de crédit, le système substitue : 1° un corps de fonction-

(1) *Journal officiel* du 18 février 1894, Chambre des députés, séance du 17 février.

naires chargés de se procurer, chaque année, les données techniques des prix pour les proposer au Parlement qui les fixera, fonction d'autant plus complexe que les prix devront être calculés de manière à assurer par contre-coup une rémunération exacte de leurs produits aux ouvriers agricoles français, le tout sans mettre l'État en perte ; 2° un corps de fonctionnaires chargés d'aller acheter sur les marchés de l'extérieur, soit à prix débattu, soit par voie d'adjudication (que préfère le projet), partant avec toutes les formalités de l'adjudication, les blés et farines ; 3° un corps de fonctionnaires chargés d'emmagasiner et de garder les blés, soit dans des entrepôts, soit dans des magasins distribués sur toute la surface du territoire, pour être à la portée de tous les besoins — j'emploie toujours les termes mêmes de M. Jaurès, qui firent jaillir d'un banc de la Chambre cette interruption : « Il y aura une jolie collection de souris-fonctionnaires pour manger tout ce blé-là » (*Rires. Applaudissements. — Sifflet*) ; 4° un corps de fonctionnaires chargés de revendre à la meunerie, et, pour la réexportation des farines travaillées, de rembourser la différence entre le prix auquel l'État aura vendu le blé et le cours du même blé à la même date sur le marché extérieur.

Toujours dans ce domaine de l'alimentation, nous avons eu plus récemment le projet du *pain gratuit* (*Ah! ah!*), soumis en ce moment à la Chambre par des députés socialistes, et exposé naguère à Marseille et ailleurs en des conférences que soutiennent les municipalités et les journaux socialistes. Il s'agit (1) d'autoriser les administrations municipales à organiser la gratuité du pain en service public. On laisse les boulangers faire ce service ; un compte est ouvert à chacun d'eux par la municipalité ; ils livreront aux consommateurs, suivant bordereaux qu'ils devront produire, avec les factures

(1) Voir le texte de la proposition de loi de M. Clovis Hugues.

d'achat des farines, à des inspecteurs municipaux qui auront tout droit de visite. Les inspecteurs auront à vérifier les quantités consommées par chacun, sur un registre du boulanger, et sur un livret de famille où le boulanger appose sa griffe avec la date de chaque livraison. D'une part, tous les boulangers deviennent de ce chef fournisseurs municipaux payés sur le budget ; d'autre part, un nombre suffisant d'inspecteurs est chargé de surveiller ce service, qui portera sur une consommation de 95 millions d'hectolitres de froment.

Une autre nécessité fondamentale de l'existence est l'*habitation*... (*Air de flûte.*)

Mais, Messieurs, cette musique obstructionniste que vous me destinez, ce sont des exposés socialistes qu'elle empêche d'entendre : ne fût-ce que dans l'intérêt de la propagande, vous devriez les laisser se produire ! (*Applaudissements et rires.*)

Pour l'habitation en attendant le régime socialisé où la rente n'aura plus de raison d'être, la commune se substituera aux propriétaires, et donnera le logement au prix coûtant, qui, dans un délai donné, se réduit à zéro.

Telle est la combinaison exposée dans la *Revue socialiste*. La commune construira des immeubles modèles dans des conditions telles... (*Autre air de flageolet. — Assez ! assez !*)... que pendant une première période de vingt-cinq ans, le total des loyers perçus permet de rembourser l'emprunt de construction, ainsi qu'un intérêt aux locataires gratifiés de bons, et qui n'auront payé que deux tiers du loyer normal. (*Chant de la Carmagnole avec accompagnement de flûte. — Esprit-Saint, descendez en nous !*) Pendant une seconde période de vingt ans, le total des loyers perçus permet d'amortir une nouvelle dette égale aux 6/10es de la dette primitive, ainsi que l'intérêt de leurs bons aux locataires qui n'auront payé que la moitié du loyer normal ; pendant une troisième période de quinze ans, le total des loyers permet d'amortir une dette égale aux 2/10es de la dette primitive, le loyer n'étant plus que le tiers du loyer normal ; après ces soixante ans, la dette étant éteinte, le loyer ne représente plus que les frais d'entretien, et le logement est gratuit.

Le système n'est pas spécial aux habitations ouvrières. « Que l'immeuble soit cher ou bon marché, « dit la *Revue socialiste*, divisé en logements grands et « petits, habité par des riches ou des pauvres, le « résultat est identique; la construction ne coûtera « rien à la commune... Le logement devient un service « public comme la police ou l'éclairage des rues. »

Ce service comporte un corps d'architectes municipaux sans nombre, de gérants, de concierges, sans compter le personnel financier nécessaire pour combiner, exécuter et suivre le vaste mécanisme d'obligations amortissables, de bons délivrés aux locataires, etc. (1). (*Bruits et chants.*)

L'*instruction* doit être intégrale pour tous (2). Il est difficile de chiffrer dans quelle proportion doit dès lors s'accroître le personnel enseignant. (*Chants avec accompagnement de flûte. — Un assistant : Il y a là un gardien de la paix, faites-le donc agir !*)

M. le Président. — Je ne veux pas faire intervenir les sergents de ville. (*A l'orateur :*) Veuillez pour continuer attendre le silence.

M. Rostand. — Trois grands ordres d'exploitation doivent être repris de suite à l'industrie libre, et nationalisés, c'est-à-dire livrés à la gestion de l'État : les *mines et houillères*, la *Banque de France*, les *chemins de fer*, en attendant les autres moyens de transport.

(1) *Le logement gratuit*, par M. Charnay. *Revue socialiste* février 1893.

(2) Une proposition de loi tendant à instituer l'instruction intégrale par voie de concours dans la proportion « de crédits ouverts au budget, » a été déposée par M. Michelin, le 9 mars 1896 (*Journal officiel*, 24 mars 1896), en attendant la « gratuité absolue pour tous ».

Ici, je n'ai besoin d'aucune explication : toutes les concessions minières devenant des exploitations d'État, la Banque de France devenant banque d'État, tout le réseau des voies ferrées des grandes compagnies devenant des administrations d'État, c'est un véritable peuple d'ouvriers, d'employés de tout rang, de directeurs, d'administrateurs, qui se transforme en une armée de fonctionnaires publics.

Le rôle de l'État industriel doit être, d'autre part, développé d'ores et déjà par l'organisation d'une série de *monopoles*, et, avant tout, du monopole de l'alcool, rectification et vente. Je ne prendrai pas sur moi d'évaluer dans quelles proportions ce monopole entraînera la constitution d'un personnel scientifique, industriel, commercial et financier. (*Applaudissements. Bruit.*)

Dans la sphère du *crédit*, la nationalisation de la Banque de France ne peut être considérée que comme une amorce. C'est le crédit tout entier qui doit être organisé de manière à devenir, selon le mot de Benoît Malon, le « crédit social » universalisé et gratuit.

Précisons un peu.

Le *crédit agricole*, d'après le projet Paul Lafargue, sera demandé « aux consommateurs des villes, repré-
« sentés par les conseils municipaux, qui achèteront
« aux cultivateurs les produits de première nécessité et
« les céderont aux détaillants au prix de revient majoré
« de 5 % ; achats et ventes seront opérés par des caisses
« municipales d'approvisionnement, créées par voie
« d'emprunts ou par des ressources communales ; ces
« caisses feront des avances aux cultivateurs à 4 %,
« dans la proportion de moitié de la valeur approxima-
« tive des récoltes ou bestiaux. » Autant de caisses municipales d'approvisionnement, autant de pépinières de fonctionnaires municipaux, à qui il appartiendra d'estimer récoltes et bestiaux pour en faire l'objet de prêts, d'acheter aux cultivateurs les produits, et de les revendre.

Le *crédit populaire*, d'après le projet présenté par M. Delahaye au Conseil supérieur du Travail...

Un assistant. — A bas Jules Simon !

M. Rostand. — ...sera distribué par une banque d'État qui s'alimentera au moyen d'émissions d'obligations, commanditera par un crédit collectif les ouvriers associés en groupes de 100 à 1,200 personnes, et consentira des prêts à long terme aux coopératives de production, en quantité suffisante pour procurer un outillage à l'universalité des travailleurs. Comme, selon les évaluations du projet, il s'agit de procurer à six millions de travailleurs un outillage estimé en moyenne à 12,000 fr., et que l'opération roulera donc sur 72 milliards (*Rires*), c'est un monde de fonctionnaires qui apparaît nécessaire pour mettre en mouvement et manier les mille rouages de la banque d'État. (*Bruit. Sifflet. Chants.*)

Il n'y a cependant, Messieurs, pas un mot, jusqu'à présent, dans ce que j'ai dit, qui ait pu exciter votre colère. (*Un assistant : Ils sont fous !*) Je me demande ce que vous sifflez, ce que vous tentez de couvrir de vos chants, puisque je me borne à exposer des propositions socialistes. Vous demandez à l'Esprit-Saint de descendre, c'est l'esprit sans épithète... qu'il faut prier de descendre en vous. (*Applaudissements.*)

La *municipalisation* successive, qui consiste... (*Bruit et chants. Flûte.*)

Ce musicien a vraiment une bonne pensée : s'il voulait bien nous jouer un air, je pourrais me reposer un quart d'heure. (*Rires et applaudissements. Le flageolet socialiste exécute la Marche lorraine.*)

M. Rostand. — Vous êtes satisfaits ?

Plusieurs voix. — Oui !

M. Rostand. — Moi aussi ! (*Rires.*)

... La municipalisation successive, qui consiste à transformer les industries utiles à la majorité des habitants d'une ville en services municipaux au moyen du budget communal, est la doctrine même du socialisme gradué, prêchée par exemple et appliquée en Angleterre par la *Fabian Society*, dont un des leaders, M. Sidney Webb, a tracé le programme récemment dans la *Revue de Paris* (1). Le système avait été exposé chez nous par M. Malon. Il embrasse la vente de l'eau, les tramways, les omnibus, les petites voitures, les ports, les docks, les grands magasins, les bains et lavoirs, l'éclairage par le gaz ou l'électricité, les services d'approvisionnements, les chantiers d'employés. (*Bruit persistant.*) Le Congrès ouvrier de Lyon en 1891 indiqua les services médicaux et pharmaceutiques, les maternités, les asiles de vieillards et d'invalides du travail, les bureaux de consultations gratuites. Le point sur lequel on est d'accord, c'est que ce socialisme communal transforme forcément des milliers de citoyens en fonctionnaires municipaux. (*Applaudissements.*)

Dans la partie de la *vie industrielle* que le socialisme consent à laisser pour à présent autonome, ses réformes comprennent le *salaire minimum*, la *journée maximale*, la *restriction de la concurrence étrangère*, la *réglementation du travail*...

Un assistant. — C'est la révolution qu'il faut!

M. Rostand. — ... les *différends*, la *suppression du chômage*.

Les cahiers des charges de l'État, des départements, des communes seront refondus en ce sens, pour que leurs clauses s'imposent de proche en proche aux industries privées. État, départements, communes auront des services assez compétents en toute matière industrielle pour dresser ces chartes-modèles du travail et pour en suivre l'exécution. (*Applaudissements.*)

Pour la durée et la rétribution du travail, une proposition de loi déposée par les députés socialistes fixe, en ce qui concerne les exploitations de l'État, la durée à 8 heures par jour et 48 heures par semaine, le salaire

(1) *Revue de Paris*, 1er mars 1896.

minimum à 5 fr. par jour et 35 fr. par semaine, sauf augmentation suivant les besoins locaux de l'existence après accord avec les syndicats ouvriers (1).

Quant aux industries privées, la loi d'offre et de demande étant répudiée; des lois devront établir : pour les salaires, un minimum susceptible de majoration suivant les besoins locaux de l'existence ; pour la durée, des maxima de journée et de semaine; pour la restriction de la concurrence étrangère, des taxes sur les ouvriers non indigènes et une limitation de leur nombre ; pour les réglementations du travail, des réglementations d'ordre, d'hygiène, etc., dans les usines et ateliers; pour les différends, l'arbitrage obligatoire avec expropriation des industriels qui ne se présenteraient pas devant un conseil d'arbitrage ou refuseraient d'exécuter ses décisions (2); pour l'abolition du chômage, la réduction de la surproduction par une entente internationale limitant la consommation (3)...

Un assistant. — Vive l'Internationale !

M. Rostand. — ...par l'expropriation des industriels qui refuseraient du travail aux ouvriers en grève (4); par des services municipaux de placement gratuit ; par des chantiers ou ateliers nationaux, départementaux ou communaux pour les sans-travail. Il s'ensuit la nécessité d'administrations techniques et de corps d'inspecteurs pour vérifier si les taux de salaires satisfont aux besoins locaux de l'existence, et si le minimum est respecté; pour surveiller l'obéissance à la durée du travail; pour contrôler le nombre des ouvriers étrangers employés dans chaque atelier; pour s'assurer de la constante observation des règlements intérieurs, le tout

(1) *Journal officiel*, documents parlementaires, proposition de loi de MM. Vaillant, Jaurès, etc., déposée le 27 octobre 1894.

(2) Proposition de loi de MM. Dejeante et Faberot, 7 novembre 1895.

(3) Proposition Lamendin au Congrès international des mineurs, mai 1895.

(4) Proposition de loi Coutant.

avec pouvoir d'entrer dans les locaux de travail et de dresser des procès-verbaux ; pour tenir la main à la limitation de la production sous les ordres d'un comité international de la production ; pour diriger les bureaux de placement municipaux, les chantiers et les ateliers municipaux.

Les *impôts* sont transférés des choses sur les personnes, et soumis au principe de la progressivité avec décharges pour le plus grand nombre. De là, un accroissement considérable de travail fiscal, puisque l'impôt ne frappera plus des réalités tangibles, comportera des déclarations délicates à contrôler, exigera des dégrèvements et des surcharges compliquées, ce qui entraîne une multiplicité de contrôleurs, de vérificateurs, de reviseurs.

L'*assurance* contre les accidents, le chômage et le décès doit être rendue universelle, obligatoire, et centralisée par des caisses d'État. De vastes états-majors deviennent nécessaires dans les organes centraux, et des milliers d'agents dans d'innombrables organes locaux. (*Applaudissements.*)

On peut s'en faire une pâle idée par les assurances ouvrières organisées en Allemagne sous l'action d'une tendance au socialisme d'État. Les assurances-accidents y occupent 1.095 membres de directions supérieures, 5.253 membres des directions de section, 23.459 hommes de confiance, 209 agents de contrôle, 1.002 tribunaux arbitraux, sans compter 385 administrations d'État, de provinces ou de communes. Les assurances-vieillesse et infirmités emploient 65.770 agents de confiance, 11.000 juges arbitraux, 9.282 buralistes de timbres. (*Applaudissements. — Air de flûte.*)

M. le Président. — Messieurs, j'invite l'artiste à vouloir bien monter à la tribune, et, suivant l'usage des Anciens, des Grecs, il se mettra à côté de l'orateur et lui donnera le ton. (*Rires. — N'ira pas! N'ira pas ! — Le joueur de flûte monte sur l'estrade et joue la Carmagnole;*

une vingtaine de ses camarades l'accompagnent de leur chant, et tentent d'envahir la tribune. Ils sont repoussés par les membres du bureau. — Tumulte.)

M. Rostand. — Quand est survenu cet incident musical, je vous indiquais quelle masse de fonctionnaires exige le mécanisme des assurances ouvrières allemandes. Mais, si considérable que soit ce personnel, il est bien éloigné et ne donne aucune notion exacte de celui que comporte l'assurance socialiste, d'abord parce que les Allemands ont basé leur système sur la gratuité d'une multitude de fonctions, puis parce qu'ils en tempèrent ou en corrigent la tendance étatiste par des groupements locaux, deux conditions irréalisables sans le concours d'autorités sociales et sans l'union des classes, qu'exclut à la fois le socialisme. En outre, le socialisme ne limite pas l'assurance à ces objets. Il propose de faire passer à l'État le monopole de toutes les assurances, incendie, vie, etc. (1). Si l'on songe... (*Bruit persistant.*)

Quel intérêt cela a-t-il, ce vacarme que vous faites ? Quel but ? Vous n'espérez plus nous intimider ; alors quoi ?... (*Applaudissements.*)

Si l'on songe, disais-je, que les seules compagnies françaises d'assurance-incendie à primes fixes ont à encaisser 120 millions par an, vous imaginez quel afflux énorme s'ajouterait par ce chemin au personnel des assurances ouvrières dans le fonctionnarisme d'État.

Quant à la *maladie*, le socialisme réclame le *traitement gratuit par l'État*. C'est l'objet d'un projet en forme de M. Greulich, le chef du Secrétariat ouvrier en Suisse. Il propose (et vous trouverez ce texte dans la *Revue socialiste*) (2) « de faire des médecins des fonctionnaires

(1) Depuis la proposition de M. Louis Blanc (*Moniteur* du 1er mai 1848) et le projet de M. Garnier-Pagès, le 8 mai 1848. La Chambre actuelle est déjà saisie d'un projet conférant à l'État le monopole des assurances-incendie (Rapport à l'*Officiel* du 21 mars 1896).

(2) *Le Traitement gratuit des malades par l'État. Revue socialiste*, juin 1894, p. 668-681.

« d'État, convenablement rétribués à raison de leurs « études longues et coûteuses. On créerait des circon- « scriptions sanitaires. Le médecin, fonctionnaire à « traitement fixe, aurait tout intérêt à prévenir les « maladies. » Combien faudrait-il de médecins d'État ? Pour 3 millions d'habitants, en les classant par trois catégories de districts d'après la densité de la population, le projet se limite à 1,225 médecins. Pour nos 38 millions d'habitants, cela représente plus de 15,000 médecins d'État. Le projet propose, comme corollaire forcé, de faire passer les pharmaciens au service de l'État, ou de créer des laboratoires fédéraux ; nous n'avons pas à nous récrier, c'est l'idée des socialistes de Roubaix ; les médicaments seraient ainsi, paraît-il, meilleurs et moins chers : autant de laboratoires, autant d'offices à fonctionnaires. (*Bruit continu.*)

M. LE PRÉSIDENT. — Je demande à l'orateur de me permettre une communication. Le rôle du président est ingrat. Je n'ai pas ici de moyen de coercition ; je n'en ai qu'un, je vais vous dire lequel : je crois que vous serez d'accord pour le regretter. Beaucoup de personnes m'ont déjà demandé pourquoi je supportais qu'une infime minorité opprimât ici la majorité.

UN ASSISTANT. — Oui, infime. (*Triple salve d'applaudissements. Bruit. Sifflet.*)

M. LE PRÉSIDENT. — Messieurs, je ne veux pas de la police... je n'entendais m'adresser qu'à votre intelligence. (*Applaudissements. — Un assistant : Ils n'en ont pas ! — Un autre : Ce sont des imbéciles !*) Mais je m'aperçois que j'ai trop compté sur votre raison et sur votre savoir-vivre. (*Applaudissements. Sifflet.*)

Il y a une chose à laquelle je me suis refusé jusqu'à présent ; mais il faudra m'y résigner, si vous continuez ; ce sera d'exiger des lettres d'invitation pour l'entrée à ces conférences. (*Longue salve d'applaudissements. Vacarme.*)

Je vous préviens, vous les tapageurs... (*Un assistant :*

A l'école, les gosses ! — Un autre : A la porte, les gosses !)

Messieurs, vous êtes avertis. Nous avons montré beaucoup de tolérance. (*Un assistant : Beaucoup trop ! — Un autre : A bas la police !*)... une tolérance que je crois pouvoir qualifier d'excessive.

UN ASSISTANT. — Laissez-nous nous expliquer, il n'y aura plus de bruit. (*A la porte !*)

M. LE PRÉSIDENT. — Si vous voulez en abuser, ce sera pour la dernière fois.

UN ASSISTANT. — Il faut bien manifester par des cris, puisqu'on ne peut pas manifester autrement. (*A la porte ! — Un assistant : Chapeau bas, mufle !*)

M. ROSTAND. — Messieurs, l'*assistance* doit être fournie tout entière par l'État et par la commune, depuis les crèches enfantines jusqu'aux asiles de vieillesse ; tout y prend la forme officielle ; tout y sera géré et distribué par des fonctionnaires.

Enfin, nous voici au terme de l'existence humaine. L'*inhumation*, actuellement confiée aux églises, devient un service communal, avec tous les agents qu'il comporte.

Messieurs... (*Chant du coq. Vacarme prolongé.*)... Mais enfin, si le socialisme est un parti, vous comprenez bien qu'en montrant cette peur, vous lui portez le coup le plus funeste qu'on puisse porter à un parti ! (*Vifs applaudissements. Sifflet. — Vive Rostand !*)

Un humoriste politique que la nouvelle génération n'a pas lu, Edouard Laboulaye, a donné dans un de ses ouvrages ce spécimen d'organisation d'un contrôle administratif :

« Article 1er. — Il est créé un inspecteur et une inspectrice pour chacun des cantons de l'État, soit 66,666 inspecteurs et inspectrices du second degré pour les 33,333 cantons.

« Article 2. — Il est créé 3,000 inspecteurs et inspectrices du premier degré pour inspecter les 66,666 inspecteurs et inspectrices du second degré.

*

« Article 3. — Il est créé 300 inspecteurs généraux pour inspecter les 3,000 inspecteurs du premier degré. » (*Rires.*)

C'est là, Messieurs, une végétation fonctionnariste bien pauvre, bien chétive, comparée à celle dont j'ai à peine, d'un trait réservé, indiqué les cadres. S'il était possible de chiffrer combien chacune des solutions socialistes transitoires que nous venons de parcourir a enfanté de fonctionnaires nouveaux, si nous faisions ensuite une récapitulation et un total, je n'ose vous demander dans quelles myriades, dans quelle pullulation seraient noyés les 700,000 fonctionnaires qui effrayent M. Michelin et M. Jaurès lui-même : je n'ose même y penser... Comme dans la légende, ils sont trop ! (*Rires. Applaudissements. Bruit continu et violent. — Fermez vos gueules, tas de déplumés !... — Tas d'épiciers, marchands de mélasse !*)

Dans les solutions socialistes intégrales et définitives?

Montons maintenant des solutions *relatives et transitoires* aux *solutions intégrales et définitives*. Pénétrons dans le monde réorganisé. Tâchons de nous en former une idée, non point d'après les économistes libéraux qui sont suspects, ni d'après les sociologues de l'évolution et du progrès, mais d'après ceux qui revendiquent qualité exclusive pour comprendre ce monde rebâti et en tracer un plan, les socialistes eux-mêmes. Je ne vous citerai rien, par exemple, des *Tableaux*, des *Zukunftsbilder* d'Eugène Richter (1) ; je ne consulterai que Marx, Schæffle, ou plutôt encore M. Jaurès, puis-

(1) Quoiqu'ils soient d'une vérité tantôt comique, tantôt terrible, et pour tous les pays (voir entre autres les épisodes relatifs aux dépôts des caisses d'épargne, au choix des professions, à la nouvelle vie domestique, etc.), dans la traduction française *Où mène le ocialisme* (Paris, Le Soudier, éditeur), avec une forte et belle préface de M. P. Leroy-Beaulieu.

que M. Jaurès a récemment entrepris de nous offrir une *Esquisse de l'organisation future.* (*Bruit. — Un assistant : Capitaliste ! — Un autre : Sucrier !*)

Messieurs, j'essaie de m'élever avec vous dans le Monde Futur. Si l'agrément de ce monde doit ressembler au raccourci que vous nous en donnez ce soir, il n'y a pas d'intérêt trop pressant à y pénétrer ! (*Rires.*)

Imaginons donc que soit par suppression de l'hérédité, soit par expropriation avec ou sans indemnité... (*Un assistant : ... sans indemnité !*)... soit par miracle, la révolution sociale est accomplie ; qu'elle a soustrait la terre, les capitaux, les instruments de production, à toute appropriation individuelle ; qu'elle les a remis à la collectivité... (*Bruit continu. — Un assistant : Faites la conférence pour le sténographe, nous la lirons au moins. — Bruit. Sifflet. — A bas les bourgeois !*) La propriété collective a remplacé la propriété personnelle. La nation est devenue propriétaire du sol, du capital industriel, usines et machines, du capital de roulement indispensable à l'achat des matières premières ; elle est, suivant la formule de M. Jaurès, un immense capitaliste qui s'est substitué à tous les particuliers et à toutes les associations. Supposons que rien de tous ces capitaux ne s'est évanoui en route.

Comment jouera l'organisation nouvelle ? La production étant désormais réglée par les besoins de la consommation, des statistiques détermineront tous ces besoins. (*Bruit.*) C'est l'exposé de votre doctrine, Messieurs... (*Un assistant : Jamais de la vie !*) ... un exposé littéral (1).

Chacun reçoit pour son travail des bons avec lesquels il s'approvisionnera de tout dans des magasins nationaux. L'argent n'existant plus pour servir de mesure au travail effectué, on estimera le travail au temps normal qu'il comporte.

(1) Cf. J. Jaurès, *Organisation socialiste*, notamment chap. IV. *Revue socialiste*, août 1895, p. 130 et suiv.

Un assistant. — Nous répudions tout cela !

M. Rostand. — ... et, grâce à la réduction de la production, le travail quotidien sera abaissé, disons à quatre heures; tout homme devant, d'ailleurs, être libéré après un certain nombre d'années, comme on l'est aujourd'hui du service militaire.

Ne discutons rien de tout cela; tenons-nous-en à la question qui nous occupe, celle du fonctionnarisme.

Sur ceci, tout le monde est d'accord : pour que l'État exploite directement le sol de tout le territoire national; — pour qu'il achète les matières premières de toute la production; — pour qu'il établisse le bilan périodique des besoins de consommation du pays entier, et qu'il règle là-dessus la production; — pour qu'il ordonne et qu'il exécute toutes les mesures qui en sont la conséquence; — pour qu'il assure l'entretien, le renouvellement et le perfectionnement de l'outillage universel socialisé; — pour qu'il répartisse les produits de tous à tous, « en raison de la valeur d'usage social du travail de chacun », ce qui est la formule de Schæffle, — des agents innombrables sont nécessaires. (*Applaudiss.*)

Comment se recruteront et fonctionneront ces agents ? Je le demande à M. Jaurès encore. (*Bruit. — A bas les anarchistes !*)

« On peut se représenter, dit M. Jaurès (1) (*Vive « Jaurès !*), la production dans la société collectiviste « sous deux modes différents... » (*Bruit.*)

M. le Président. — Écoutez M. Jaurès ! Laissez-le parler, si vous l'acclamez !

M. Rostand. — « Ou bien la nation fera de chaque « branche d'industrie une administration, et la produc- « tion sera administrative. Ou bien elle déléguera la « propriété effective (?) et l'usage de l'outillage indus- « triel à des groupements professionnels sous des condi- « tions déterminées, et la production sera corporative. »

(1) J. Jaurès, *Organisation socialiste*. *Revue socialiste*, août 1895, p. 129-130.

Dans la première hypothèse, le fonctionnarisme universel est une évidence indiscutable. M. Jaurès l'avoue en ces termes : « Dans le premier cas, tous *les producteurs seront des fonctionnaires*, ouvriers, surveillants, « chefs de travaux, ingénieurs, directeurs. Le charbon « sera extrait, les vêtements seront tissés, les métaux « seront fondus et travaillés dans des mines d'État ou « des usines d'État. C'est l'*État qui nommera à toutes « les fonctions du travail* (1). » (*Bruit. — Applaudiss.*)

De même pour l'exploitation du sol. Nos millions de petits propriétaires ruraux, comme nos travailleurs ruraux qui louent leur travail, seront enrégimentés dans les divisions de l'armée industrielle qui représenteront la production agricole, et appelés à cultiver ainsi la terre pour compte de la nation sous la direction du gouvernement central.

Cette première hypothèse est la plus simple, n'est-ce pas? Au point de vue que nous examinons, je n'ai pas besoin de m'y attarder : son uniformité s'explique d'elle-même. M. Jaurès ne la considère pas comme la préférable, ou, du moins, s'il y croit, c'est seulement en tant que première étape d'organisation, première réalisation du monde régénéré, et destinée à s'assouplir peu à peu, comme il le dit, dans la seconde (2).

La seconde, c'est la production représentative, et voici comment il la décrit. Le corps des producteurs d'une branche de production, en d'autres termes le groupement des syndicats similaires fédérés, nomme ses directeurs industriels, son conseil spécial et ses délégués à un conseil national du travail. Ce corps peut d'ailleurs se décomposer en autant de groupes qu'il y aura de régions dans une industrie donnée. Le conseil national règle tout le mouvement de la production, c'est-à-dire détermine la quantité moyenne de travail

(1) J Jaurès, *Organisation socialiste. Revue socialiste*, août 1895, p. 130.

(2) J. Jaurès, *ibid.*, p. 130, 138.

nécessaire à la production de chaque objet, les conditions des échanges, la base des prix, afin d'éviter la reprise du capital national par l'avidité corporative.

Chacun des groupes industriels aura son conseil spécial, élu au suffrage universel des membres du groupe. Dans ce groupe même, chaque agglomération distincte nommera ses chefs immédiats, contremaîtres (s'il en est encore besoin), directeurs, ingénieurs ; ceux-ci seront préposés au fonctionnement technique et à la discipline du travail. Le conseil spécial de chaque organisation servira d'intermédiaire entre les sections locales et le conseil national; il veillera aux intérêts généraux de l'organisation qu'il représente; il décidera par exemple s'il y a lieu de supprimer tel centre de production, ou de développer tel autre, ou de renouveler l'outillage, etc.

Le conseil national comprendra, avec les délégués de tous les groupes industriels, commerciaux et agricoles, des représentants directs de la nation, en dehors de toute classification du travail. Sa tâche sera très complexe. Il empêchera les organisations corporatives de tourner au monopole. Il prendra des mesures pour assurer sans interruption du travail à tous les citoyens, en incorporant tout sans-travail dans l'armée industrielle, soit que la somme de travail ait grandi, soit qu'à certains moments on abaisse la durée du travail. Il déterminera dans chaque industrie la part du produit qui devra être retenue pour l'amortissement, le renouvellement, le perfectionnement des installations et des outillages. Il fixera ce que vaut dans chaque industrie, en journées de travail effectif, une journée de travail apparent, réglant la rémunération d'après le travail latent, l'intensité de l'effort, la dépense des forces, l'usure de la vigueur physique. (*Bruit.*)

Toute cette exposition, je l'emprunte, mot à mot, à M. Jaurès (1). Si je ne descends pas dans plus de dé-

(1) J. Jaurès, *Organisation socialiste. Revue socialiste,* août 1895, p. 135, 136, 137, 133, 142, 143.

tails, c'est que les détails lui semblent « d'une attristante puérilité (1) ».

Mais je crois bien, à voir les efforts qu'il fait pour défendre ses deux hypothèses de conduire à un colossal fonctionnarisme, qu'il a sur ce point des craintes mortelles. Il y revient, il y insiste sous toutes les formes. Je voudrais dégager ses arguments essentiels du flot de digressions dans lesquelles il est extrêmement difficile de les suivre et de les saisir. (*Vifs applaudissements.*)

La première hypothèse ne lui permet même pas de chercher à atténuer l'idée du fonctionnarisme, puisqu'il a avoué que « l'État y nommera à toutes les fonctions « du travail... » (*Un assistant : Il n'y aura plus d'État!*)

Je ne parle pas anarchisme : quand on fera une conférence sur l'anarchisme, vous pourrez, vous qui m'interrompez, vous y mêler avec fruit. (*Rires.*)

L'État donc nommera à toutes les fonctions, et M. Jaurès ajoute : « *Tous les producteurs seront des fonctionnaires.* »

Un assistant. — Vous êtes payé pour mentir. (*Oh! oh! Bruit.*)

M. Rostand. — C'est textuel (2). Vous ignorez vos maîtres (*Appl.*) : je vous renvoie à la *Revue socialiste.*

Aussi ajoute-t-il : « Ce n'est point là précisément notre idéal. »

Un assistant. — Il n'en a pas!

M. Rostand. — Ah! c'est possible! (*Rires et applaudissements.*) C'est possible, mais ce n'est pas moi qui le dis. (*Rires et applaudissements.*)

Cependant il s'empresse si fort de plaider pour cette première hypothèse, qu'il doit la considérer comme infiniment probable. Je vous soumets la substance de sa plaidoirie, vous en laissant juges :

a) L'État socialiste n'aura pas le caractère de la con-

(1) J. Jaurès, *ibid.*, p. 142.
(2) J. Jaurès, *ibid.*, p. 130.

trainte. Par exemple, il dira : « J'ai assez de boulangers, je ne peux vous employer dans la fonction de la boulangerie ; mais j'ai besoin de menuisiers ; l'engorgement sera prévenu, et les contrats seront rétablis. » Et il n'aura même pas à le dire, cela ressortira des faits (1).

b) La condition des fonctionnaires sera transformée. Les vices du fonctionnarisme (c'est M. Jaurès qui parle), arrogance, servilité, incapacité, stérilité, routine, tiennent au régime social présent (2). (*Bruit.*) Les fonctionnaires socialistes pourront les avoir tant qu'ils seront dans la période de combat (3) — et il ne nous dit pas s'il s'agit d'une période devant durer autant que les journées de la Genèse. (*Rires.*) — Mais une fois qu'auront été données aux hommes toutes leurs forces, l'instruction intégrale et la propriété collective, les hiérarchies et les dépendances d'intérêts n'existant plus, servilité arrogance, tyrannie et routine disparaîtront ; de même que le jour où le filateur remplira une action d'Etat comme le percepteur, il n'y aura plus de routine.

c) Les fonctionnaires se confondant avec tous, il n'y aura plus de motif pour qu'ils aient des torts spéciaux. « Quand tout le monde sera fonctionnaire, déclare textuellement M. Jaurès, il n'y aura plus de fonctionnaires » (4) : formule qui m'a surpris (*Un assistant : Moi aussi!*) ; car, si l'on prétendait, par exemple, nous prouver que nous tomberons tous au rang des singes, et qu'on en tirât cette conclusion : quand tous les hommes seront des singes, il n'y aura plus de singes, vous seriez plutôt tentés de conclure, j'en suis sûr : si tous les hommes deviennent des singes, il n'y aura plus que des singes ! (*Longue hilarité et applaudissements. — Bruit*)

(1) J. Jaurès, *Organisation socialiste. Revue socialiste*, août 1895, p. 131.
(2) J. Jaurès, *ibid. Revue socialiste*, avril 1895, p. 392 et suiv.
(3) J. Jaurès, *ibid.*, p. 403.
(4) J. Jaurès, *ibid.*, p. 406.

Quant à la deuxième hypothèse, celle de la production par une hiérarchie représentative, que M. Jaurès préfère et entrevoit au moins comme un aboutissement, il la soutient en disant que le système électif existe déjà dans les syndicats ouvriers, dans les sociétés anonymes, dans la gestion des budgets publics ; que dans le monde socialisé, il fonctionnera avec une régularité supérieure; et que si on trouve le système trop rigide, trop automatique, on pourra l'assouplir par la « concordante volonté des hommes » (1).

J'aurais voulu, surtout pour la partie féminine de cet auditoire, essayer d'animer toute cette théorie, de la rendre un peu plus intelligible, en faisant passer sous vos yeux quelques parties plus vivantes d'une fiction artistique que j'ai le droit de citer, puisque l'organe officiel du socialisme français la sanctionne en la reproduisant, *Looking backward*, ce roman où Edward Bellamy, le socialiste américain, suppose qu'un jeune habitant de Boston s'est endormi en 1887, a dormi cent treize ans et s'est réveillé en l'an 2000, dans la société refondue. Je vous assure qu'il y a dans ce livre des récits, des descriptions, des dissertations aussi démonstratives en leur genre que les tableaux de Richter. Ainsi, sur le rôle des femmes dans l'armée industrielle, sur la hiérarchie de l'armée (*Ah! ah!*), je pourrais vous lire des pages qui au moins vous amuseraient, qui vous feraient passer sur les côtés un peu ingrats et assourdissants de cette soirée. Mais je ne puis guère, n'est-ce pas, Monsieur le Président? Je suis contraint d'aller vite, d'abréger, de renoncer aux détails si curieux de M. Bellamy. (*Non, non!*)

M. le Président. — Lisez-nous Bellamy.

M. Rostand. — Est-ce que vous désirez vraiment que je recoure à M. Bellamy? (*Oui.*) — (*L'orateur cherche parmi ses documents. — Trouvera pas! trouvera pas! — Vous lisez!*)

(1) J. Jaurès, *Revue socialiste*, août 1895, p. 150.

Mais, Messieurs, je lis des textes; à la tribune du Parlement, il en est qui lisent des discours. (*Rires.*)

Je répète que le roman de M. Bellamy a plus d'autorité qu'une pure fantaisie, puisque l'organe du socialisme français, la *Petite République*, le publie en feuilleton. C'est, par conséquent, que nous ne sommes pas dans le domaine du simple rêve, et qu'il y a là une fantaisie que l'on considère comme une prophétie exacte, instructive.

Voyons d'abord un résumé de la vie dans le régime nouveau :

« Il comporte 24 années d'activité; cela commence au moment où l'éducation est achevée, à 21 ans, et se termine à 45. A partir de la 45° année, le citoyen est libéré du travail; il reste toutefois en disponibilité pour le cas où les circonstances, élevant la demande de travail, obligeraient de recourir à lui, et cela jusqu'à l'âge de 55 ans; en fait, cette éventualité ne se présente pour ainsi dire jamais. Le 15 octobre de chaque année est ce qu'on appelle le Jour de la grande revue; tous les jeunes gens parvenus à leur 21° année sont enrôlés dans l'industrie, et ceux qui, après 24 ans de service, ont atteint 45 ans, licenciés. C'est le grand jour, la base du calendrier, notre olympiade, sauf qu'elle est annuelle (1). »

Un coup d'œil d'ensemble sur l'organisation :

« Tout le champ de la production est divisé en dix grands départements : chacun représentant un groupe d'industries connexes, chaque industrie particulière représentée par un bureau où sont concentrés tous les renseignements sur la matière et la force qu'il dirige; les produits actuels, les moyens de les augmenter. Les prévisions du département de la distribution, après l'approbation de l'administration, sont envoyées comme des mandats aux dix départements, qui les

(1) *En l'an* 2000 (trad. de *Looking backward*). Guillaumin, édit., p. 75.

répartissent aux bureaux, et ceux-ci mettent les hommes à l'ouvrage. Chaque bureau est responsable de la tâche qui lui incombe; cette responsabilité est renforcée par le contrôle du département de l'administration. Le département de la distribution n'accepte les marchandises qu'après vérification. Et même si un article mal fabriqué arrive jusqu'au consommateur, le système rend possible de rechercher à qui en revient la faute jusqu'à l'ouvrier... La production des choses nécessaires aux besoins publics n'emploie pas à beaucoup près toute la force nationale des travailleurs. Après que les diverses industries ont reçu les contingents qui leur sont nécessaires, la somme de travail restante est employée à créer un capital fixe, bâtisse, machines, travaux d'ingénieurs et ainsi de suite (1). »

L'Endormi-réveillé fait quelques objections :

« Quelle autorité suprême détermine ce qui doit être fait dans chaque branche, afin que toute chose soit produite en quantité suffisante et cependant qu'aucun travail ne soit perdu? Il me semble que ce doit être une fonction prodigieusement complexe, exigeant des facultés rares chez celui qui en est chargé?

« — Je vous assure qu'il n'y a rien d'aussi simple, de fondé sur des principes si nécessaires et si aisément appliqués. Les fonctionnaires à qui cette fonction est dévolue n'ont besoin que d'une capacité moyenne pour s'en acquitter à la satisfaction de tous. La machine qu'ils dirigent est grande, c'est vrai, mais si logiquement combinée, si directe, si simple dans son travail, que tout marche de soi-même (2). »

Tout, absolument tout, — écoutez ceci, Mesdames, — s'effectue par ces services publics :

« Notre blanchissage s'effectue au lavoir public à très bas prix. (*Ah! Ah!*) Nos repas sont préparés aux cuisines nationales. (*Rires.*) La façon et la réparation de tout ce que nous portons a lieu dans les ateliers nationaux...

(1) *En l'an* 2000, p. 219-220.
(2) *Ibid.*, p. 218.

Nous choisissons des maisons qui ne soient pas trop grandes, et nous les meublons à notre goût, de façon à ce que nous puissions les tenir en ordre en nous passant de domestiques. En cas d'éventualités imprévues, comme un nettoyage général, une nouvelle installation, une maladie, nous pouvons avoir l'aide de la force industrielle (1). »

Mais l'ex-dormeur demande :

« Comment payez-vous ces aides sans argent ? — Ce n'est pas nous qui les payons, c'est la nation. Leurs services sont obtenus en s'adressant au bureau spécial, et le prix est déduit de la carte de crédit de celui qui les demande (2). »

Un assistant. — Les gigots sont pour rien !

M. Rostand. — L'armée industrielle et sa hiérarchie :

« Quoique l'organisation des différentes industries mécaniques et agricoles diffère suivant leurs conditions spéciales, elles ont en commun la condition de leurs travailleurs en trois grades suivant la capacité. D'ordinaire, ces trois grades se subdivisent en 1re, 2e et 3e classes. D'après ce qu'il a fait comme apprenti, un jeune homme reçoit un poste de 1re, de 2e ou de 3e classe. Ce ne sont que les jeunes gens d'une capacité rare qui débutent dans la 1re classe. La plupart commencent par les grades inférieurs ; ils avancent par promotions périodiques, qui ont lieu, dans chaque industrie, à des intervalles correspondant à la durée de l'apprentissage, de façon que le mérite n'attende jamais son élévation, et que nul ne puisse se reposer sur ses travaux passés s'il ne veut rétrograder jusqu'au dernier rang.

« ... Il nous faut pour chefs ou capitaines des hommes d'une capacité reconnue, que leur propre carrière oblige à conduire leurs troupes au plus haut point possible, et qui ne tolèrent point de stagnation. C'est dans cette double visée que l'armée industrielle est organisée. D'abord nous avons le grade primitif des travailleurs communs, ouvriers de tous métiers, auquel appartiennent tou-

(1) *En l'an* 2000, p. 141-142.
(2) *Ibid.*, p. 141-142.

jours les recrues pendant les trois premières années. Ce grade est une sorte de noviciat, très dur, où les jeunes gens prennent des habitudes d'obéissance. Quoique la nature complexe du travail accompli par cette troupe empêche la distinction des travailleurs par grades, qui devient possible plus tard, des notes individuelles sont données, et le mérite reçoit des récompenses pareilles aux peines qu'encourt la négligence (1).

« Le grade inférieur de nos officiers industriels, celui de sous-lieutenant, est distribué à des hommes ayant passé deux ans au moins dans la 1re classe du 1er grade. Si cette règle donnait un trop grand nombre d'éligibles, on restreindrait le choix au premier groupe de cette classe. Ainsi nul n'est investi du droit de commander à d'autres hommes s'il n'a trente ans. Une fois qu'il est maître du grade d'officier, l'avancement d'un homme ne dépend plus de son travail, mais de celui de ses hommes.

« Les lieutenants sont choisis parmi les sous-lieutenants, toujours par le choix limité à une classe restreinte d'éligibles (2).

« De là à la lieutenance, puis au rang de capitaine, enfin à la surintendance avec celui de colonel. Au-dessus avec un grade intermédiaire dans quelques-unes des plus grandes industries, vient le général, qui a dans son contrôle immédiat toutes les opérations de la *guilde*. Il est à la tête du bureau de sa corporation, et a toute la responsabilité du travail vis-à-vis de l'administration. Le général d'une guilde a une situation splendide et qui satisfait pleinement l'ambition de beaucoup. Au-dessus, après un grade intermédiaire qui peut être comparé à celui de général de division, vient celui des chefs des dix grands départements. Les chefs de ces dix grandes divisions de l'armée industrielle peuvent être assimilés aux commandants de corps d'armée, chacun ayant de douze à vingt généraux sous ses ordres. Au-dessus de ces dix grands officiers qui forment son conseil est le généralissime président de la république (3). »

(1) *En l'an* 2000, p. 148-149.
(2) *Ibid.*, p. 153.
(3) *Ibid.*, p. 225.

Messieurs, vous avez ainsi un aperçu de l'organisation dont la souplesse, la plasticité, la liberté, captivent l'imagination de M. Jaurès. (*Rires*. — *Bruit*.)

« Et les femmes, dit l'Endormi centenaire, les femmes? — Les femmes, — écoutez tout à fait, Mesdames, — aussi bien que les hommes sont membres de l'armée industrielle, et ne la quittent que lorsque leurs devoirs maternels les réclament. Le résultat est que la plupart des femmes, à un moment ou l'autre de leur existence, servent cinq, dix, quinze ans, tandis que celles qui n'ont pas d'enfants servent pendant toute la période.

« — Est-ce qu'une femme ne quitte pas toujours le service industriel lorsqu'elle se marie? — Pas plus qu'un homme. Pourquoi en serait-il ainsi? Les femmes mariées n'ont plus la responsabilité du ménage, et un mari n'est pas un bébé qu'il faille surveiller (1)... Elles forment une force qui fait partie intégrante de l'armée des hommes. Elles ont une femme pour générale en chef (*Rires*), et sont soumises à des règlements spéciaux. Le général et les hauts officiers sont nommés par les femmes qui ont accompli leur période de service, absolument comme les chefs de l'armée masculine et le président. La générale de l'armée des femmes siège dans le cabinet du président de la République (2). » (*Oh! oh!* — *Rires*.)

M. le Président. — Vive la générale des femmes !

M. Rostand. — Mais quittons M. Bellamy, avec regret, je vous assure, car il abonde en détails suggestifs, et résumons ce que nous avons appris, puisqu'il faut se hâter, l'heure avance.

Ainsi, dans les solutions socialistes *transitoires*, fonctionnarisme accru sans cesse, sans limite — et les concessions faites à cette pénétration graduelle sont précisément, remarquez-le, la cause principale de la multiplication de fonctionnaires dont on se plaint en ce moment ; — dans les solutions socialistes *définitives*, fonctionnarisme universalisé, soit sous la forme d'État, soit

(1) *En l'an* 2000, p. 307.
(2) *Ibid.*, p. 309.

sous la forme hiérarchisée ; — voilà les faits auxquels nous amène un exposé dont j'ai demandé toutes les données aux socialistes autorisés... (*Un assistant : Vive la sociale !*) et de quelque manière, d'ailleurs, que chacun de nous les envisage. (*Un assistant : Vive la sociale !*)

Interrogations qui se posent pour les deux sortes de solutions.

Je me borne à confronter ces deux sortes de solutions, non pas à des réfutations doctrinales, mais à de simples interrogations de faits, laissant chacun de vous y répondre en sa conscience au sortir de cette salle.

Les solutions *transitoires* d'abord soulèvent celles-ci : sans demander si ses services naturellement collectifs, finances, guerre, marine, sont des modèles d'ordre et d'économie, l'État s'acquitte-t-il des industries qu'il a jusqu'ici reprises à l'activité individuelle, avec une supériorité qui encourage à le charger de nouvelles ? Les caisses d'assurances qu'il gère sont-elles gérées en des conditions techniques et financières qui auraient conduit des compagnies privées à la prospérité ou à la faillite ? (*Rires et applaudissements*). Livre-t-il des tabacs irréprochables, Messieurs les étudiants, et à bas prix ? Exploite-t-il les téléphones à aussi bon marché qu'en d'autres pays l'industrie privée ? Les allumettes qu'il vous vend s'allument-elles plus vite ? (*Un assistant : Tiens, v'là Louise Michel ! — Un autre : C'est Louise Berthier ! — Un autre : C'est Séverine ! — Un autre : — Vous êtes inconvenants. Respect au sexe ! — Un assistant : Continuez, fumiste !*)

Je vous demandais si vous étiez ravis des allumettes que vous vend l'État ? Constructeur de navires, l'État construit-il économiquement, et seulement se rend-il compte de son prix de revient ? Fait-il même bien de l'assistance, à en juger par ce qu'on entend dire, notamment à Paris, de l'Assistance publique? (*Bruit continu. — Chant.*)

Que si vous jugiez l'État... (*Parlera pas! Parlera pas!*)

M. le Président. — Décidément, Messieurs, vous n'entrerez pas la prochaine fois! (*Applaudissements redoublés. — Chant : Ne parle pas, Rose, je t'en supplie.*)

M. Rostand. — Eh bien, on sera à l'aise dans le monde régénéré, on sera vraiment à l'aise! (*Rires et applaudissements. — Parlera! Parlera pas!*)

Que si vous jugiez l'État un exploitant médiocre, gaspilleur, sans habileté commerciale, sans initiative (*Bruit*), routinier, paperassier, lent, ahuri, débordé par ce dont il a déjà charge... (*Clameurs et redoublement de tapage.*)

Mais ce que je dis vous gêne donc bien, Messieurs? (*Rires et applaudissements. — Un assistant : C'est des réunions contradictoires qu'il nous faut!*)

Si vous jugiez ainsi l'État, concevriez-vous comme rationnel qu'on étendît à l'infini sa fonction industrielle? S'il se trouvait, en fait, qu'il se montrât peu apte et maladroit même dans des services qu'à la rigueur il peut rattacher à son rôle et à ses compétences, en induiriez-vous qu'il se montrera habile et sûr en envahissant les industries multiples et disparates de l'action privée? Serait-il par exemple certain qu'il trouverait, pour les monopoles de l'alimentation revendiqués par M. Jaurès, des fonctionnaires qui se procureraient sur les marchés étrangers dix millions de quintaux de blé avec une diligence commerciale consommée et une vertu inaccessible aux tentations, ou qui posséderaient le secret d'acheter le blé très cher aux cultivateurs français pour arriver à vendre aux consommateurs le pain gratis? (*Rires*). Pour le personnel de sa banque, de ses mines, de ses chemins de fer, la capacité sera-t-elle le seul titre à entrer dans ses cadres ! Dans les caisses communales de M. Lafargue, les fonctionnaires municipaux évalueront-ils avec une égale justice les récoltes des amis du maire et les bestiaux de ses ennemis?

Et si un député du Pas-de-Calais vient de déposer à la Chambre (1) une proposition de loi portant que « le « nombre des fonctionnaires ne pourra plus être aug- « menté, » pendant qu'un député de la Seine s'écrie dans une autre que « la France meurt du fonctionnarisme, » qu'est-ce qui sera en accord avec l'esprit de notre génération : restituer le plus d'action possible au jeu souple, simplifié, précis des organes mus par l'effort individuel responsable, ou transformer la France, par les solutions socialistes successives, en ce qu'on a appelé une gigantesque champignonnière de budgétivores et de parasites? (*Rires et applaudissements. Chant de la Carmagnole.*)

Quant aux solutions *intégrales* et *définitives*, je crois que nous avons tous vu clairement les deux hypothèses d'organisation, dans le plan de M. Jaurès, se résoudre en deux réseaux de fonctionnarisme. La qualité de ce fonctionnarisme, il la discute, il n'en discute pas l'existence. Quant à la différence entre les deux hypothèses, elle est toute dans le recrutement : fonctionnarisme d'État au premier cas, fonctionnarisme électif hiérarchisé au second.

Mais qu'importe ce point, si les objections qui se dressent devant la raison sont communes aux deux hypothèses? Elles ne sont pas du tout, ces objections, celles que M. Jaurès s'oppose à lui-même, nous l'avons vu, pour se flatter de les détruire.

Nommés par l'Etat ou élus, quelles tâches le socialisme définitif imposera-t-il à son peuple de fonctionnaires?

Premier ordre de tâches : déterminer les besoins de

(1) M. Boudenoot, le 11 février 1896.

la consommation universelle en vue de la production universelle à organiser; établir, chaque année, par exemple, le bilan des besoins de toute espèce de 38 millions de personnes en France; prescrire, en conséquence, telle ou telle culture de x millions d'hectares, l'élevage de x millions de têtes de bétail, l'extraction de x millions de tonnes de houille, la fabrication de x millions d'objets de vêtement, ou plutôt de toutes les sortes d'objets nécessaires à toutes les sortes de consommations.

Je laisse ici poser les interrogations par des notations intimes où se les posa à lui-même, en relisant les théoriciens socialistes vers la fin de sa vie, un homme de grand talent mort jeune, qui, fils d'ouvrier, s'était élevé au rang le plus haut, et, après de rudes efforts, aurait pu être porté vers des utopies de commodités malsaines (1) :

« Comme dans un corps vivant, dans le corps social tout ou presque tout se fait par une action spontanée des éléments, la circulation est assurée sans que le cerveau s'en mêle, et l'Etat n'a pas à s'occuper d'approvisionner de vivres Londres ou Paris. On veut supprimer l'initiative privée et la remplacer par des fonctionnaires. L'Etat a déjà de la peine à assurer l'alimentation d'une armée, et il se chargerait de celle de 38 millions d'hommes !....

« Aujourd'hui le mécanisme du prix, par ses indications aussitôt répandues partout, provoque l'apport ou le retrait de la marchandise, attire ou repousse le travail en chaque genre de production. On veut remplacer cela par des statistiques, des comptabilités, etc...

« Et si un directeur se trompait avec ses statistiques qui seront, comme toutes les statistiques, entachées d'erreurs, et en tout cas tardives? Et s'il s'embrouillait dans cette comptabilité colossale et surhumaine? Schæffle lui-même a des doutes à ce sujet; et c'est à des moyens douteux mis en œuvre par des êtres faillibles

(1) Auguste Burdeau.

qu'on va confier l'existence de toute la nation? Qu'on se rappelle les angoisses de quelques personnes renseignées à la fin du siège de Paris, quand il s'agissait de savoir si les vivres restants donneraient le temps de ravitailler. Ce serait la même angoisse tous les jours, mais vingt fois plus grande (1). »

Seconde tâche : estimer la valeur du travail, et classer en conséquence tous les hommes, femmes comprises, vous l'avez vu, dans l'armée industrielle du travail.

« Si l'estimation de la valeur du travail n'a lieu que d'après la quantité (Guesde a l'air d'y adhérer), alors on tombe dans l'égalité de la durée des tâches ; on ne tient compte ni de la difficulté, de la dureté du travail, ni de l'aptitude ou de l'intelligence nécessaire ; comment attirer aux travaux très pénibles, ou très délicats, ou très supérieurs, les hommes désignés par leurs aptitudes? Si on introduit ces éléments, alors il y aura une classification des métiers, et en face une classification des hommes à faire faire par des fonctionnaires? On deviendra terrassier, vidangeur, après examen, comme on devient aujourd'hui officier ou ingénieur de l'Etat. Effroyable pouvoir des dispensateurs de places, qui fixeront aussi les émoluments attachés à chaque genre de travail.

« Ce travail de classification et de paiement, il se fait aujourd'hui par l'intervention de tous; celui qui veut fixer un prix artificiel se ruine ; la machine fonctionne, non sans erreurs, mais limitées. Et vous allez la remplacer par le discernement de quelques fonctionnaires despotes (2)?

« ... Le choix du travail sera libre. Mais si un nombre trop grand d'individus se jetaient sur un travail facile, fructueux, ou tentant? si des métiers nécessaires se trouvaient abandonnés? — Alors les directeurs (élus comment?), après avoir pourvu quelque temps en emmagasinant les produits en abondance, auraient à pour-

(1) *Revue politique et parlementaire*, 1894, p. 18 et 19.
(2) *Ibid.*, p. 6

voir à une répartition meilleure de la production. Ils augmenteraient la valeur du métier abandonné, pour y attirer des ouvriers. Cette citadelle des salaires, elle aura dû être établie dès le début, sans quoi tous se jetteraient dans des travaux faciles, nul ne voudrait les fonctions malaisées et inférieures. Aujourd'hui elle s'établit par le jeu de l'offre et de la demande, par la variation des prix et des salaires, par l'impossibilité où sont les incapables de se maintenir dans un métier non conforme à leurs aptitudes. Il faudra ici que ce soient des fonctionnaires qui fixent les salaires et les fassent varier arbitrairement, qui évaluent le travail de l'écrivain au double et au décuple de celui du cordonnier, celui de Victor Hugo à un multiple de celui d'un rédacteur de journal de province, etc. Qui comprendra, qui essaiera de justifier ces rapports ? Et puis, l'outillage fondé par la société étant donné à tel moment, exigera, pour sa mise en jeu, un chiffre déterminé de travailleurs de chaque spécialité. Comment autoriser un ou plusieurs travailleurs à quitter tel emploi pour se jeter sur tel autre s'il n'y a pas de place ? On ne l'autorisera donc pas. Mais alors chacun sera serf de son métier ; nul ne pourra changer ni rester que par la volonté des directeurs. Y eut-il jamais tyrannie plus absolue (1) ? » (*Applaudissements.*)

Oui, c'est bien ainsi que les choses devront se passer. On dit que l'équilibre s'établira, qu'il suffira, pour détourner de carrières trop préférées, d'y allonger le travail, ou inversement. Mais, si le résultat n'est pas obtenu ? s'il y a des occupations que tout le monde laissera à d'autres ? Que faire ? Par tirage au sort ou par choix arbitraire, les fonctionnaires seront bien les juges des aptitudes, et imposeront d'office les occupations laissées en souffrance. Pas de méprise là-dessus : « Bien loin, écri-« vait hier M. Sidney Webb, de vouloir faire de chaque « homme un producteur indépendant, nous entendons « enrôler tout homme, apte au travail, au service immé-

(1) *Revue politique et parlementaire*, 1894, p. 5.

« diat de la collectivité, et *lui désigner la tâche que ses*
« *capacités lui permettent de remplir* (1). »

Troisième tâche : fixer la rémunération du travail, non plus par le cours du jour sur le marché du travail, donnée facile à connaître, mais d'après les besoins du travailleur, le coût de la vie, les ressources de la nation, données variables à l'infini, sinon suivant les désirs, au moins suivant les lieux, les temps, et infiniment difficiles à déterminer :

« Les directeurs évalueront ce qu'il faut à la nation, en une année par exemple, d'hectolitres de blé, de mètres de drap, évalueront ce qu'il faut d'heures d'un travail socialement organisé, pour créer tous ces produits. Soit N ce nombre d'heures, la valeur de chaque heure de travail d'un ouvrier sera $\frac{1}{N}$, et on paiera à ce taux l'heure de travail, en bons de travail.

« Mais, pour produire tel objet, il faut plus ou moins d'heures selon le terrain, l'outillage, l'ouvrier. On prendra, dit-on, une moyenne. Elle sera injuste pour tous : il faut moins de travail pour produire l'hectolitre de blé en Flandre que dans la Creuse, pour faire une tonne d'acier avec un four Bessemer qu'avec un four ancien. De quel droit le Flamand aura-t-il de meilleures journées, et l'ouvrier au Bessemer aussi?

« Tel travail est plus difficile qu'un autre : il exige un apprentissage, une longue éducation. A égalité de salaire, nul n'en voudra plus.

« Quelle commune mesure trouvez-vous au travail du terrassier, de l'imprimeur, de l'écrivain, de l'artiste, de l'homme de génie? Aujourd'hui on l'évalue en se disputant jusqu'à ce qu'il atteigne son vrai prix.

« Si l'on établit des catégories et des prix suivant les catégories de travail, quel esclavage d'être parqué dans un métier par un fonctionnaire, de se voir fixer son salaire par lui ! Où a-t-on vu servitude semblable (2) ? » (*Bruit. — Applaudissements.*)

(1) *Revue de Paris*, 1er mars 1896.
(2) *Revue politique et parlementaire*, 1894, p. 7 et 8.

Et enfin diriger toute l'armée du travail à tous les échelons, tout administrer, tout gérer, tout vendre, tout répartir dans cette production, cette consommation, cette distribution, de la variété et des détails illimités desquelles l'esprit est confondu !

J'ai à peine indiqué tout cela, en courant.

Un mot résume tout : il est nécessaire, dans le monde réorganisé d'après le système collectiviste, que le fonctionnarisme soit omniscient et infaillible, pour que la société, ne disons pas se développe, se perfectionne, progresse, mais seulement soit viable, puisse vivre et durer. Il y faudra des millions de génies et des millions de sages, puisque tout pivotera sur la compétence, l'activité ininterrompue, la vigilance sans arrêt, les vertus de toutes sortes des fonctionnaires ! (*Longs applaudissements.*) Le postulat fondamental, c'est que la nature humaine, en ses défaillances, n'existera plus, et que les fonctionnaires directeurs de l'activité universelle seront, de par le choix, je ne dirai pas des Anges, pour ne pas vous choquer, je dirai des Surhumains ! (*Vifs applaudissements.*)

Et il en est ainsi, remarquez-le, que le fonctionnarisme du monde socialisé soit constitué par l'Etat ou par l'élection.

Et même, M. Jaurès a bien tort, redoutant le premier mode, le reconnaissant peu conforme à ses vœux, de préconiser le deuxième (1). Car le deuxième, c'est le pire. Un immense fonctionnarisme électoral, institué par des foules anonymes et irresponsables, oui, sans contredit, c'est mille fois le pire ! (*Applaudissements.*)

Prenons un exemple parmi les solutions d'attente que nous avons parcourues. Le projet suisse de traitement des malades par l'Etat, confessant le danger d'un nouveau développement fonctionnariste, prétend précisé-

(1) J. Jaurès, *Organisation socialiste. Revue socialiste*, août 1895, p. 130, 136 et suiv.

ment y parer en faisant élire les médecins officiels par le peuple, dans chaque district, pour six ans. Dès lors, aux mêmes vices que dans la nomination par un pouvoir central, s'en ajoutent bien d'autres. Désireux de contenter ses électeurs du district, le médecin n'aura garde de répondre à un appel du voisin, ce qui fait disparaître le libre choix du médecin ; créature d'électeurs, il ne se défendra point des exigences excessives pour les visites ou les médicaments : les chances de réélection seront pour qui prescrira à flots bordeaux, malaga, cognac (*Rires*), et la certitude de défaite pour qui ne les ordonnera qu'à bon escient. Comment l'élection n'entraînerait-elle pas fatalement une diminution de la dignité ou de la valeur scientifique du corps médical, par conséquent de la santé du peuple ?

Ce que vous touchez du doigt sur cet exemple ne serat-il pas bien plus redoutable dans les solutions intégrales, là où le régime électif s'appliquerait à toutes les fonctions directrices de l'activité humaine ? Recevoir d'un fonctionnaire, appuyé sur une majorité d'électeurs, son métier, puis une tâche, lui rendre le travail, voir le salaire fixé par lui, tout cela sans pouvoir ni changer de métier, ni même d'atelier, ni faire grève.... quels moyens n'y a-t-il pas là pour les fonctionnaires de réduire ceux qu'ils voudraient persécuter au sort le plus misérable ? Et ce n'est qu'un aspect. Toutes les impossibilités qui nous ont frappés dans les missions du fonctionnarisme socialiste, combien plus écrasantes n'apparaissent-elles pas si nous supposons des fonctionnaires élus ?

Et élus par qui ? Par le suffrage universel des syndicats fédérés, dit M. Jaurès. Ne lui représentez pas que tous les travailleurs voudront être chefs ou surveillants, que des élections continues tiendront directeurs et ingénieurs dans une insécurité paralysante, que les travaux comportant de longues prévoyances et la suite des desseins seront irréalisables : il répond que tout le monde, intéressé à bien choisir, choisira bien... (1) ce que l'expérience de tous les jours confirme, comme vous savez (*Rires*). Proudhon du moins chargeait l'Académie des sciences d'établir le maximum des valeurs et de dresser les statistiques destinées à régler la production : les syndicats fédérés suffisent à M. Jaurès.

Peut-être penserez-vous que les deux espèces de fonctionnarisme du monde socialisé sont des pestes, mais que celle dont M. Jaurès se déclare de préférence amoureux, le fonctionnarisme universel électoral, est de beaucoup la pire. (*Vifs applaudissements.*)

Contre-démonstration : un recul et un désaveu.

Messieurs, ce rêve de livrer toute la conduite de la production et de la distribution à des pouvoirs publics qui ne cessent dans un cercle relativement restreint de nous déconcerter par leurs inaptitudes, ce rêve est d'une déraison si frappante, qu'un recul bien curieux vient de se produire dans le socialisme. (*Bruit.*)

De même qu'il vacille pour ses solutions d'attente (2) ; de même que pour ses solutions intégrales, il renonce à l'espoir prochain de transformation que la société Fabienne raille sous le nom de *catastrophisme*, qu'il répudie l'abolition du salaire (3), et qu'il abandonne la socialisation de la petite propriété agraire (4) ; — de même le voici qui commence de fléchir, acculé à l'absurde, sur la

(1) J. Jaurès. *Organisation socialiste. Revue socialiste*, août 1895. p. 144-145.

(2) Voir par exemple, dans l'affaire de la Verrerie ouvrière, les illogismes de la coopération de production adoptée et du capital donné pour base à l'entreprise sous ses formes les moins viriles (don, loterie) ; pour l'arbitrage obligatoire, les incohérences mises en lumière par les aveux de M. Jaurès dans la discussion du 21 novembre 1895 à la Chambre (*Journal officiel* du 22 nov., p. 2438, 2440, 2441, etc.).

(3) Sidney Webb, *loc. cit.*

(4) Congrès de Nantes, de Marseille, de Francfort, de Breslau, déclarations de M. Jaurès, *passim*.

socialisation de l'activité économique et la direction de cette activité par ses fonctionnaires.

Rien de plus significatif, à ce point de vue, que la proposition de *revision du Programme socialiste* présentée il y a trois mois au parti en Suisse. Elle déclare que la formule considérée jusqu'ici comme la base de la propagande, *socialisation de toute l'activité économique*, est « *erronée, insoutenable, contraire à la marche du* « *développement social* ». Je cite :

« On ne voit pas par quelles transformations l'État pourrait arriver tout d'un coup à devenir un directeur habile de l'activité économique. *Il est beaucoup plus probable que nous lui attribuons là une tâche sous le fardeau de laquelle il succomberait.*

« On arrive à cette conviction lorsqu'on voit combien peu l'État se modifie et s'améliore quand des socialistes arrivent à faire partie des conseils et des corps administratifs. Nous nous plaignons journellement de l'État, de ses autorités, de ses fonctionnaires. C'est contre l'État qu'a été inventé ce proverbe populaire qu'il pend les petits et laisse courir les gros. Et cette institution qui ne peut pas même aider le peuple à obtenir son droit, nous la lui recommanderions comme le salut ? nous lui montrerions dans l'État un tuteur auquel il devrait confier toute son existence économique ?

« Vraiment, nous demandons du peuple travailleur trop de foi aveugle en une chose avec laquelle il voudrait avoir affaire le moins possible. Nous demandons particulièrement de nos paysans instruits par l'expérience trop de naïveté, si nous nous imaginons obtenir leur concours pour la réalisation de nos projets qui tendent à transformer le cultivateur, l'artisan, en serviteurs de l'État. »

Et encore :

« Les industries exploitées par l'État sont-elles des industries dans lesquelles personne n'est exploité? Personne ne le prétendra....

« ... C'est pratiquement une impossibilité, un contresens, de demander à l'État de diriger l'ensemble de l'activité économique du peuple, et de l'exploiter dans l'intérêt commun. Quiconque veut ouvrir les yeux sait que partout où l'État se fait producteur, sauf en matière de transports et moyens de communication, sa *capacité de production reste bien inférieure à celle des particuliers*, et il produit d'une manière irrationnelle, contraire aux lois économiques, lourde, bureaucratique. Nous devons en tirer cette conclusion que l'*État n'est pas un organisme apte à l'activité économique* (1). »

Que propose-t-on de substituer aux erreurs dont on commence de reconnaître ainsi l'énormité? On se bornera à réclamer pour l'État l'exploitation des moyens de transport, et l'administration générale de la rente du sol (dont on semble laisser l'exploitation aux particuliers). Pour tout le reste de l'économie nationale, on poursuivra « la création de sociétés coopératives de production, « de telle sorte que la production soit gérée dans l'inté- « rêt du consommateur d'après le système des sociétés « coopératives de consommation ». Le but théorique lointain, qu'on réserve pour sauver les apparences et faire accepter les rétractations, restera « une transfor- « mation *dans le sens* de la propriété collective du sol, des « matières premières, des outils, des machines » ; mais le but réel consistera en des coopératives de production qui travailleront à supprimer l'intermédiaire entre le producteur et le consommateur, et consacreront une part des bénéfices à acquérir des biens de communauté, une mainmorte collective.

Ces conceptions en elles-mêmes ne sont pas le moins du monde du socialisme. La constitution de corporations est un retour à des formes du passé. La création de sociétés coopératives, même en les dotant de propriétés communes qui serviraient sans doute de capital de ga-

(1) *Journal de Genève*, janvier 1893.

rantie ou de roulement aux travailleurs, n'a rien de socialiste. C'est de la coopération de production, peut-être soutenue par la coopération de consommation, c'est-à-dire des applications de la méthode de progrès successif et pratique par la liberté, la prévoyance, l'épargne, la solidarité, tout ce qu'enseigne notre école, tout ce qui est exactement le contraire du socialisme.

A cette copie d'idées qui ne lui appartiennent nullement, le socialisme essaie bien d'ajouter quelque chose, son apport habituel de rêve mal dégagé, d'incohérence, d'utopie. Mais à examiner de près ces additions, on y aperçoit seulement qu'il ne se comprend pas lui-même. Le fond n'est pas moins qu'il revient aux principes des autres.

Et c'est la frappante preuve, dilemme dont il lui est impossible de sortir, — ou qu'il avoue l'absurdité de la prétendue doctrine économique qui a été jusqu'à ce jour sa raison d'être, — ou qu'il ne se rend pas compte des éléments mêmes de cette doctrine, et les amalgame, au gré de besoins d'un moment, avec des éléments contradictoires. (*Applaudissements. — Bruit.*)

Quel recul intéressant! Quelle contre-démonstrations saisissante de notre thèse de ce soir!

Conclusion
Le socialisme se résout en fonctionnarisme.

C'est maintenant, au terme d'une recherche patiente, que je veux reprendre, élever de nouveau devant vous, ce poignant doute de M. Jaurès que je citais en commençant : si le socialisme ne devait pas être une grande organisation libre du monde, s'il conduisait à un « fonctionnarisme étouffant », l'organisation actuelle serait mille fois préférable.

Qu'avons-nous trouvé au bout de toutes les avenues et de toutes les perspectives socialistes?... Ce qu'un publiciste peu suspect de parti pris contre le socialisme, Laveleye, a défini ainsi : « *Tous les hommes* « *seraient fonctionnaires*, et la société entière serait orga- « nisée comme l'armée ; un despotisme universel, ré- « glant tous les actes de la vie économique, serait le « sort de l'humanité (1). » (*Applaudissements.*)

Qu'avons-nous constaté ? Un incommensurable développement fonctionnariste se rencontrant avec les solutions socialistes au point maximum de leur épanouissement, y étant parallèle et adéquat, le socialisme se résolvant pour tout en fonctionnarisme.

Il n'y a pas à contester ; il n'y a pas à atténuer. Hier encore, M. Sidney Webb déclarait formellement :

« Il ne faut pas croire que nous rêvions un retour à l'époque où chaque homme travaillait comme producteur indépendant, et jouissait du produit intégral de son travail personnel... Le désir qu'a tout homme de devenir son maître n'est qu'une survivance du vieil homme de l'individualisme..... L'*unique promesse* (écoutez ceci, Messieurs), l'unique promesse que nous fassions à l'ouvrier, c'est de faire de lui, en sa qualité de citoyen, un copropriétaire de l'industrie nationale, et de le faire *participer à l'élection des employés supérieurs qui seraient chargés de l'administrer* (2). » (*Appl.* — *Bruit.*)

Un trente-huit millionième de propriété théorique, et une voix pour élire les fonctionnaires préposés à la garde, au travail, au salaire, au repos, aux récréations, à la nourriture, au logement, au sommeil, voilà tout.

Ne vous semble-t-il pas que tout ce que nous venons de parcourir ensemble, ce soir — et l'art n'y a été pour rien — laisse une impression d'automatisme, d'étau, de carcan ? (*Applaudissements.*)

(1) *Éléments d'économie politique.*
(2) Sidney Webb, *loc. cit.*

Fût-elle réalisable, il faudrait repousser au point de vue éthique une telle hypothèse sociale.

Allons plus loin. La prétention de substituer à la prévoyance, à l'effort, à l'action responsable, des mécanismes dirigés par des fonctionnaires infaillibles, est une misérable chimère. Mais quand même elle serait, par je ne sais quelle hypothèse de thaumaturgie sociale, réalisable ?

« Et quand cette machine réussirait? s'écriait Burdeau. Eh bien, et l'effort volontaire de l'individu ? sa volonté d'arriver à l'indépendance, à une situation proportionnée à ses facultés? son désir de laisser ses enfants dans une position meilleure que la sienne ? son rêve peut-être de devenir par sa fortune bien employée un promoteur d'inventions, d'œuvres d'éducation, d'art, de morale, un bienfaiteur de l'humanité? Tout ce qui fait la dignité de l'humble, tout ce qui rend le père vénérable à ses fils pour les sacrifices qu'il a subis en leur faveur, tout ce qui arme l'ouvrier contre les tentations de dépense et le transforme en un être de raison, de ferme conduite, d'abnégation, tout cela disparaît. Il reste la bête humaine, conduite en troupeaux nourris et tondus avec méthode, assurée d'avoir sa suffisance jusqu'à la fin (1). »

C'est cela que nous ne voulons pas être, pas plus le paysan ou l'ouvrier que l'intellectuel. Pour moi, passionné d'autonomie personnelle autant que de solidarité agissante, — lisant l'autre jour qu'un vigoureux esprit de notre temps se demandait par goût de paradoxe s'il n'y aurait dans la morale du socialisme rien de supérieur à celle de ses adversaires, — je sentais au contraire que dans sa morale, dans le point de vue éthique, est le principal motif de répugner, de résister à un système qui ôterait tout prix et tout intérêt à la vie.

(1) *Revue politique et parlementaire*, 1894, p. 25-26.

Étendant un mot de Henri Heine je dirais volontiers : le sentiment que j'éprouve devant le socialisme, ce n'est pas la peur du riche qui tremble pour un capital ni la terreur secrète du savant ou de l'artiste qui voit la civilisation entière menacée, c'est l'aversion irrésistible de tout homme conscient de sa liberté morale contre l'hypothèse d'un état social où chacun travaillerait, se reposerait, voyagerait, mangerait, dormirait, aimerait, agirait au commandement ! (*Triple salve d'applaudiss.*)

Et à ceux qui, essayant de nous prendre par les sentiments altruistes, généreux, de plus en plus développés dans ce temps dont ces sentiments sont l'honneur ou une compensation, nous montrent dans le socialisme le seul moyen de fortifier les faibles, je voudrais crier : on ne fortifie personne en tuant le ressort de la force ! (*Vifs applaudissements.*)

Le progrès tel que l'accomplit sous nos yeux l'évolution sociale ne consiste nullement à supprimer le libre jeu des énergies et des compétitions dans la communauté, comme le propose tout socialisme, mais au contraire à le faciliter, à en égaliser de plus en plus les conditions. Nous ne sommes pas, non, nous ne sommes pas les partisans d'un individualisme excessif et systématique qui refuserait à l'État tout rôle dans ce mouvement ; mais je vous dis, avec la science, avec l'observation sociale, que ce rôle même de l'État se produira dans le sens non d'abolir la rivalité de la vie, mais d'y appeler le peuple entier avec des armes de plus en plus égales, le moteur du progrès évolutif restant la libre action de l'homme. Il faudrait extirper de nos âmes les instincts nécessaires qui sont notre personnalité même avant de rêver, pour nous y enfermer, un monde où ne pourrait plus pousser aucune des fleurs superbes de la dignité et de l'indépendance humaines ; — où nous mourrions, s'il était réalisable (et il ne l'est heureusement pas), d'abaissement, d'ennui, de colère, de désespoir ; — où, de l'aveu des socialistes que j'ai interrogés ce soir, l'idéal du bonheur serait, ils le déclarent eux-mêmes, d'élire ses gardes-chiourme et ses geôliers ! (*Salve prolongée d'applaudissements.*) (1)

COMITÉ DE DÉFENSE ET DE PROGRÈS SOCIAL

PUBLICATIONS

Conférences (broch. in-18 à 0 fr. 05).

N° 1. Pourquoi nous ne sommes pas socialistes, par M. ANATOLE LEROY-BEAULIEU, de l'Institut.
N° 2. L'usage de la liberté et le devoir social, par M. GEORGES PICOT, de l'Institut.
N° 3. Le progrès social par l'initiative individuelle, par M. EUG. ROSTAND, de l'Institut.
N° 4. Le devoir d'aînesse, par M. PAUL DESJARDINS. (*Epuisé*).
N° 5. Le rôle et le devoir du capital, par M. E. CHEYSSON, de l'Institut.
N° 6. Le devoir social de la jeunesse, par M. CH. WAGNER.
N° 7. Notre responsabilité devant le mal social, par M. OLLÉ-LAPRUNE, de l'Institut.
N° 8. Les assurances ouvrières et le socialisme d'Etat, par M. ALB. GIGOT.
N° 9. L'agriculture et le socialisme, par M. D. ZOLLA.
N° 10. Le Comité de défense et de progrès social, par M. ANATOLE LEROY-BEAULIEU, de l'Institut. (*Epuisé*).
N° 11. La liberté d'association, par M. GABRIEL ALIX.
N° 12. La diffusion de la fortune mobilière par M. R.-G. LÉVY.
N° 13. Le rôle social de l'écrivain, par M. R. DOUMIC. (*Epuisé*).
N° 14. La coopération, ses bienfaits et ses limites, par M. MABILLEAU, correspondant de l'Institut.

(1) Sténographié par Gustave Duployé, 36, rue de Rivoli.

Conférences (broch. in-18 à 0 fr. 05).

N° 15. Les solutions socialistes et le fonctionnarisme, par M. Eug. Rostand, de l'Institut.
N° 16. Salariés et capitalistes, par M. Daniel Zolla.
N° 17. Voyage social en Allemagne, par M. Georges Blondel.
N° 18. Le rôle social de la colonisation, par M. J. Chailley-Bert.
N° 19. Le Vooruit de Gand, par M. J. Van den Heuvel.
N° 20. Les expériences sociales en Australie, par M. Pierre Leroy-Beaulieu.
N° 21. La répression pénale et les intérêts populaires, par M. H. Joly.
N° 22. La crise du revenu et la loi du travail, par M. E. Cheysson, de l'Institut.
N° 23. Les finances françaises, par M. R. Stourm, de l'Institut.
N° 24. Une alliance contre l'esprit sectaire, par M. Ch. Wagner.
N° 25. La criminalité de la jeunesse, par M. Henri Joly.
N° 26. L'assurance au point de vue social, par M. E. Cheysson, de l'Institut (sous presse).
N° 27. Les lois de la démocratie, par M. Gabriel Alix.
N° 28. Les ennemis de notre progrès économique, par M. Georges Blondel.
N° 29. Le socialisme électoral, par M. Eugène d'Eichthal.
N° 30. La liberté d'enseignement, par M. Anatole Leroy-Beaulieu, de l'Institut.
N° 31. La liberté du travail et l'arbitrage obligatoire, par M. le comte de Las Cases.
N° 32. Grèves, arbitrage et syndicats, par M. le comte A. de Mun, de l'Académie française.
N° 33. Le Travail de la femme à Lyon; monographie de syndicats de femmes, par Mlle M. L. Rochebillard.
N° 34. La liberté de la charité, par M. Henry Joly.
N° 35. La femme et le divorce, par M. Morizot-Thibault.
N° 36. Les revendications des mineurs, par M. Delcourt-Haillot.

Tracts à 2 fr. le cent assortis (Nos 1 à 31).

1. La propriété.
2. Histoire d'une casquette.
3. La nationalisation du sol.
4. Le plus coûteux des gouvernements.
5. Mes griefs contre le socialisme, par M. Eug. d'Eichthal.
6. Le budget de l'Etat collectiviste, par M. Maurice Block, de l'Institut.
7. Socialistes, pourquoi pas? par M. Pajot.

www.ingramcontent.com/pod-product-compliance
Ingram Content Group UK Ltd.
Pitfield, Milton Keynes, MK11 3LW, UK
UKHW032007260826
14628UKWH00005B/2330

9 782013 383431